Contraste insuffisant
NF Z 43-120-14

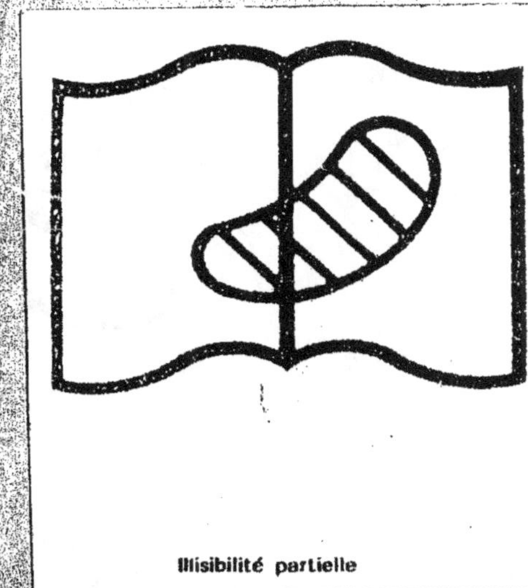

Illisibilité partielle

Valable pour tout ou partie
du document reproduit

Original en couleur

NF Z 43-120-8

LES SCEAUX

DES ARCHIVES DE L'ORDRE

DE

SAINT-JEAN DE JÉRUSALEM

A MALTE

PAR

J. DELAVILLE LE ROULX

Associé correspondant national de la Société des Antiquaires
de France.

Extrait des *Mémoires de la Société nationale des Antiquaires
de France*, t. XLVII.

PARIS

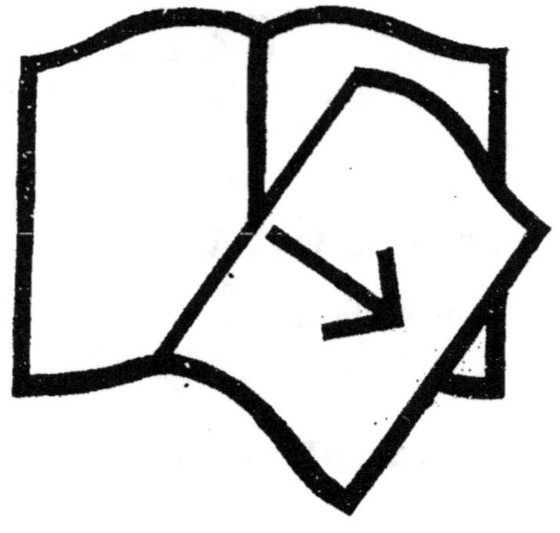

Couverture inférieure manquante

LES SCEAUX

DE L'ORDRE DE SAINT-JEAN DE JÉRUSALEM

A MALTE [1]

L'attention des érudits s'est, depuis quelques
années, portée, avec une persistante activité vers
l'histoire des croisades et des établissements latins
du Levant au moyen âge. La sphragistique n'est
pas restée en dehors de ce mouvement, et l'on
peut prévoir le temps où la sigillographie de
l'Orient latin aura, comme la numismatique, son
Corpus complet et définitif.

Aucun dépôt d'archives, dans cet ordre d'idées,
ne semble, plus que celui de Malte, capable de
fournir une moisson abondante. En peut-il être
autrement, si l'on songe que l'ordre de Saint-Jean
de Jérusalem a joué, durant plus de quatre siècles,
en Terre Sainte et à Rhodes, un rôle prépondé-
rant, a été intimement mêlé, durant cette période,
à tous les événements qui agitèrent le Levant, et a

1. Ce travail a été lu à la Société des Antiquaires de
France dans la séance du 21 avril 1886.

conservé, malgré de nombreuses vicissitudes, la plus grande partie de ses archives?

Malheureusement, la fragilité des monuments sigillographiques, surtout celle des sceaux de cire, auxquels les circonstances climatériques ont été funestes, les déplacements successifs des Hospitaliers de Palestine à Chypre, à Rhodes et à Malte, l'oubli même dans lequel ont été laissées à Malte, à une époque récente, les archives de l'ordre de Saint-Jean, ont causé la ruine d'un grand nombre de sceaux. A peine un quart de ceux que S. Pauli avait dessinés, il y a à peine un siècle et demi, subsiste-t-il aujourd'hui.

Cependant, malgré de pareilles pertes, les sceaux conservés à Malte méritent à tous égards d'être connus et publiés. S'ils sont peu nombreux, ils rachètent leur petit nombre par leur importance et leur rareté. Parmi les érudits qui, depuis Pauli, ont eu accès aux archives de Malte, aucun n'a manqué à les signaler [1] ; Pauli les a presque tous repro-

1. S. Pauli (*Codice diplomatico del sacro militare ordine Gerosolimitano*, Lucques, 1733-7, 2 vol. in-folio) a consacré 9 planches, 8 à la fin du premier volume et 1 à la fin du second, à la reproduction de 93 sceaux et bulles. Paciaudi (*Memorie de' gran maestri del sacro militare ordine Gerosolimitano*, Parme, 1780, 3 vol. in-4°) a donné huit sceaux qui servent à l'ornementation de son ouvrage. Dans P.-A. Paoli (*Dell' origine ed istituto del sacro militare ordine di S. Giovambattista Gerosolimitano*, Rome, 1781, in-4°) figurent les reproductions de quatre sceaux de Malte et d'un sceau du prieur anglais de l'Hôpital, Garnier de Naplouse. M. de Mas Latrie (*Notice sur les archives de Malte à Cité-la-Valette*, dans les *Archives*

duits, mais ses dessins sont trop inexacts pour permettre une étude complète et raisonnée de ces monuments.

Il ne nous a pas paru sans intérêt de refaire, après lui, cette publication, en la limitant aux sceaux et bulles qui concernent spécialement l'Orient latin; aussi bien ceux-ci forment-ils la majeure partie de la collection sigillographique de Malte; les sceaux d'Occident, peu nombreux, sont, du reste, connus des sigillographes, et nous ne leur apprendrions rien en leur signalant, par exemple, un sceau d'empereur d'Allemagne, de roi de France ou une bulle pontificale[1].

L'ensemble des sceaux des archives de Malte forme non pas une suite, mais une collection. Sauf pour la série des bulles magistrales et capitulaires de l'ordre de l'Hôpital, dont nous avons déjà signalé les principaux types[2], les représentations sigillographiques appartiennent aux diverses auto-

des missions scientifiques, VI, 1re série, 1857, p. 4-240) a signalé quelques exemplaires échappés à Pauli et à Paciaudi. Nous-même (*Les Archives, la Bibliothèque et le Trésor de l'ordre de Saint-Jean de Jérusalem à Malte*, Paris, 1883, in-8°) avons dressé la liste des sceaux de Malte (p. 48-52).

1. Il faut cependant faire une exception en faveur d'une bulle de plomb de Guillaume, évêque d'Orange (1280) (*Arch. de Malte*, div. I, vol. x, n° 29), inconnue jusqu'à présent et qui mérite d'être étudiée.

2. *Les Archives de Malte*, p. 48-52. — *Note sur les sceaux de l'ordre de Saint-Jean de Jérusalem*, dans les *Mémoires de la Société nationale des antiquaires*, t. XLI (tirage à part, Paris, 1881, 34 p. in-8° et 3 planches en héliogravure).

rités ecclésiastiques ou laïques de Terre Sainte, et comme les rapports des Hospitaliers s'étendaient à tous les pouvoirs *latins* du Levant, la diversité est le caractère dominant des sceaux dont nous donnons ici la description ; nous les avons groupés, pour en faciliter l'étude, sous deux chefs principaux, suivant qu'ils émanent de personnages laïques ou ecclésiastiques.

SCEAUX LAÏQUES.

I. — BAUDOIN IV, ROI DE JÉRUSALEM (1173-1183)[1].

Sceau de plomb, de 0^m,045 de diamètre. Type ordinaire des rois de Jérusalem. Au centre, le roi, couronné, de face, assis, tenant de la main droite un bâton crucifère, de la gauche une boule crucifère. Légende entre deux cercles concentriques : ✠ BALDVIIVS DEI GRACIA REX IERVSALEM — Revers : le Saint Sépulcre. Légende entre deux cercles concentriques : ✱ CIVITAS : REGIS : REGVM OIVIVIIVIVI

Cette bulle est appendue à un diplôme du

<hr>

[1]. Le lecteur remarquera que les dates données ici et plus loin ne sont pas absolues ; elles se réfèrent aux actes extrêmes, aujourd'hui connus, dans lesquels figurent les personnages dont nous nous occupons, mais ne doivent pas être considérées comme définitives.

1ᵉʳ mars 1181, par lequel Baudoin IV fait un
échange avec l'abbé du Mont-Thabor à Acre
(*Arch. de Malte*, div. I, vol. IV, n° 9. Ed. Pauli,
Cod. dipl., I, n° 3, p. 282). Ce sceau n'a pas été
publié, mais les types analogues des sceaux de
Baudoin III (Pauli, *Cod. dipl.*, I, planche 2, n° 17,
et Paciaudi, *Memorie*, I, p. 48), de Guy de Lusi-
gnan (Blancard, *Iconographie des sceaux et bulles
des archives départementales des Bouches-du-
Rhône*, p. 111 et pl. 61, n° 3), d'Amaury I (de
Vogüé, *Revue de numismatique*, 1864, p. 296 et
planche 131, reproduit dans les *Églises de Terre
Sainte*, du même auteur) sont connus.

II. — BOHÉMOND IV, PRINCE D'ANTIOCHE
(1198[1]-1233).

Sceau de plomb, de 0ᵐ,05 de diamètre. Type
habituel des sceaux des princes d'Antioche. Au
centre, saint Pierre et saint Paul, de face, debout,
à mi-corps, nimbés. Saint Pierre bénit, saint Paul
tient de la main droite un bâton crucifère. Légende
entre deux grènetis concentriques : ✠ SANCTVS :
PETRVS : SANCTVS PAVLVS. — Revers : type
équestre à gauche. Légende entre deux grènetis concentriques : ✠ BOAOVD' : PRICEPS :
ĀTIOCʜ · ꟼ COMES TPL.

1. On trouve dès 1198 des actes au nom de Bohémond IV,
prince d'Antioche; Bohémond III, cependant, ne mourut
que vers 1201.

Cette bulle scelle un acte du 27 octobre 1231, par lequel Bohémond d'Antioche assigne aux Hospitaliers une rente annuelle de 316 besants de Tripoli sur la ville et seigneurie de Tripoli (*Arch. de Malte*, div. I, vol. v, pièce 3. Ed. Pauli, *Cod. dipl.*, I, n° 114, p. 122). Le sceau de Bohémond IV est inédit, mais nous connaissons les types analogues de Bohémond III (Pauli, *Cod. dipl.*, I, pl. 1, n° 10 ; de Vogüé, *Mélanges de numismatique*, 1877, p. 180 (p. 15 du tirage à part) et pl. 8, n° 10), de Raymond Rupin (Pauli, *Cod. dipl.*, I, pl. 4, n° 46), etc.

III. — RAYMOND III, COMTE DE TRIPOLI

(1163-1187).

Sceau de plomb, de 0^m,04 de diamètre. Type équestre. Au centre, un chevalier, casqué, tenant au bras gauche un bouclier triangulaire ; le bras droit porte une lance à gonfanon tenue horizonta-

lement; le cheval est tourné à gauche. Légende entre deux cercles concentriques : ✠ RAIIIVNDVS COMES [TRIPO]LITANVS. — Revers : une porte de ville crénelée, surmontée de trois tours crénelées, celle du milieu plus haute que les deux autres. Légende entre deux cercles concentriques : ✠ ET HEC SVK CIVITAS TRIPOLIS.

Appendu à un acte du 19 janvier 1163, par lequel Raymond, comte de Tripoli, confirme une vente faite aux Hospitaliers par Guillaume de Mareclée (*Arch. de Malte*, div. I, vol. II, pièce 25. Ed. Pauli, *God. dipl.*, I, n° 38, p. 39). Ce sceau a été dessiné par Pauli (*God. dipl.*, I, pl. 2, n° 23) et omis dans Mas Latrie (*Notice*, p. 7).

IV. — GAUTHIER GRANIER I, SEIGNEUR DE CÉSARÉE

(1131, ✝ avant 1160).

Sceau de plomb, de 0ᵐ,03 de diamètre. Type

équestre. Au centre, un chevalier, regardant de
face. Il tient horizontalement de la main droite
une lance. Légende assez fruste entre deux cercles
concentriques : ✸ SIGILLVM GALTERII GRA-
NERII.

Revers : l'enceinte d'un château ayant la forme
d'un quadrilatère. Un des angles saillants fait

face au spectateur ; au milieu s'élève une tour ;

les deux angles rentrants de gauche et de droite
sont flanqués chacun d'une tour plus petite que la
tour centrale[1]. Légende entre deux cercles concentriques : ✱ CESAREA CIVITAS.

Il est scellé sur double queue, avec lacs de soie
rouge, à un document du jeudi 19 décembre 1135,
par lequel Hysembard vend à l'Hôpital le casal
Arthabec, sis au territoire de Césarée, moyennant
500 besants (*Arch. de Malte*, div. I, vol. I, pièce 30.
Ed. Delaville Le Roulx, *Les Archives*,... p. 72). Il
a été dessiné assez inexactement par Pauli (*Cod.
dipl.*, I, pl. 1, n° 12).

SCEAUX ECCLÉSIASTIQUES.

V. — GUILLAUME I, PATRIARCHE DE JÉRUSALEM
(1130-45).

Sceau de plomb, de 0^m,033 de diamètre. Au
droit, le patriarche, de face, assis, mitré, bénissant de la main droite, et tenant de la main gauche

1. Il est à remarquer que nous devons avoir ici la repré-
sentation du château de Césarée; nous ne connaissons
aujourd'hui que les ruines des murailles élevées en 1251
par saint Louis. L'ancien château devait occuper la presqu'île avançant dans la mer, au S.-O. de la ville, et dont la
forme générale correspond assez bien à la disposition donnée
sur le sceau. La tour centrale représenterait le donjon dont
M. Rey signale les traces au centre de cette presqu'île (E. G.
Rey, *Étude sur les monuments de l'architecture militaire des
croisés en Syrie*. Paris, 1871, p. 221-7, et pl. 22).

un tau. Dans le champ, à droite et à gauche, deux roses ; au-dessous de celle de droite est un petit cercle. Légende entre deux grènetis concentriques :

✠ SIGILLVM · WILELMI PATRIARCHE.

Revers : un ange, vêtu et nimbé, montre aux trois saintes femmes, qui portent des parfums, le sépulcre vide. Légende entre deux grènetis :

✠ o SEPVLCRVM DOMINI NOSTRI IHV XPI o

Ce sceau, sur double queue et lacs de soie, scelle un acte du 12 juillet 1137, par lequel Guillaume, patriarche de Jérusalem, autorise la vente par Gautier « de Lucia » à Robert le Mire d'une maison sise près du lac des Bains (*Arch. de Malte*, div. I, vol. I, n° 34 *b*. Ed. Delaville Le Roulx, *Les Archives...*, p. 73). Il a été décrit par Douët d'Arcq (*Collection des sceaux des archives de l'Empire*, II, n° 6281), et reproduit par Pauli (*Cod. dipl.*, I, pl. 2, n° 13) et par le comte de Marsy (*Bulletin de la Société des antiquaires de France*, 1878, p. 196-7).

Le même prélat avait un second sceau, plus petit, aujourd'hui perdu, dont Pauli nous a conservé le dessin (*Cod. dipl.*, I, pl. 2, n° 14) et qui figure dans une charte de 1143[1]. Au droit, le patriarche est vu, de face, à mi-corps, mitré, bénissant et tenant le tau de la main gauche, avec la légende :

____

1. 1143. Don par Guillaume I, patriarche de Jérusalem, à l'Hôpital d'une église et de ses dépendances à Acheldemach (*Arch. de Malte*, div. I, vol. I, pièce 42. Ed. Pauli, *Cod. dipl.*, I, n° 22, p. 23).

✠ WILLELMVS PATRIARCHA ; au revers, la cou-
pole centrale de l'église du Saint-Sépulcre avec
la légende : ✠ SEPVLCRVM DNI IHV·XPI·

VI. — GUILLAUME II, PATRIARCHE DE JÉRUSALEM
(1262-1267) [1].

Sceau de cire rouge, de 0ᵐ,055 de diamètre. Au
centre, le patriarche de face, mitré, revêtu du
pallium, bénissant de la main droite et tenant de
la gauche le bâton pastoral à double croix. Il est
assis sur un trône dont les pieds et les bras repré-
sentent des pattes et des têtes de chien. Au-des-
sus de chaque tête, on voit une fleur de lys, accos-

1. Il mourut en 1270, d'après Ducange, *Familles d'outre-
mer*, p. 731.

tée de deux points. Légende entre deux cercles concentriques : ✠ : S GUILLGROꝹ DGI GRA : PATRIARCHG IHGROSOLIꟁITAꟁI.

Revers : contre-sceau de 0^m,03 de diamètre ; les saintes femmes au sépulcre. Le Christ est étendu dans un tombeau antique ; au second plan, une des femmes tient des parfums ; elle est sous un dais d'architecture, composé de deux arcades surmontées d'une rose ; de la clef de voûte des arcades pendent deux lampes ; les deux autres personnages sont sur la même ligne que celui du milieu, mais en dehors du dais. Il est curieux de comparer ce type à celui des sceaux de l'Hôpital ; la disposition de l'édifice, du personnage couché au premier plan est identique dans les deux représentations. Légende entre deux cercles concentriques : ✠ · SGPVLCRVꝹ [XPISTI V]IVGNTIS.

Ce sceau, appendu à un acte d'accord, du 14 mars 1265, entre Pierre, archevêque d'Hébron,

et Hugues Revel, grand maître des Hospitaliers,
relativement au casal de Naherie, sis au territoire
d'Antioche (*Arch. de Malte*, div. I, vol. XVIII,
n° 5), est scellé sur le repli en lacs de soie rouge.
Un meilleur exemplaire, décrit par Douët d'Arcq
(*Collection des sceaux des archives de l'empire*,
II, n° 6282), a servi à la reproduction ci-contre;
nous devons à l'exemplaire de Malte la restitution
complète des légendes de l'avers et du revers.

VII. — PIERRE, ARCHEVÊQUE DE CÉSARÉE

(1207-1235).

Sceau de cire brune, ovale, de 0^m,04 sur 0^m,03,
sans contre-sceau. L'évêque, debout, vu de face,

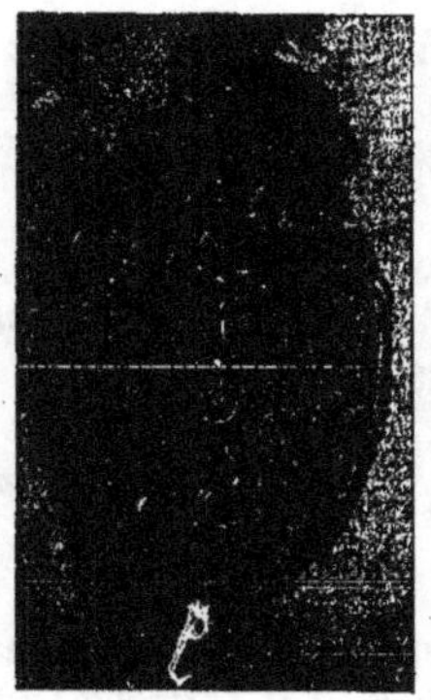

revêtu de ses ornements sacerdotaux, bénit de la main droite et tient de la gauche le bâton pastoral. Légende, entre deux cercles : [SI]GILLVM [P]ETR[I CES]ARIEN ARCHIEP[I].

Il est scellé sur double queue, avec lacs de soie blanche et rouge, et confirme (entre 1215 et 1220) un acte du 15 juin 1199 par lequel Bohémond IV, comte de Tripoli, fait une concession aux Hospitaliers (*Arch. de Malte*, div. I, vol. I, pièce 20. Ed. Delaville Le Roulx, *Les Archives,...* p. 166). Pauli l'a reproduit (*Cod. dipl.*, I, pl. 1, n° 6), d'après un exemplaire, aujourd'hui perdu, des archives de Malte.

VIII. — PIERRE, ARCHEVÊQUE D'APAMÉE (1254).

Sceau de cire brune, de 0^m,04 de diamètre, sans contre-sceau. Le prélat, mitré, revêtu du pallium, est vu de face, à mi-corps ; il bénit de la main droite et tient, de la gauche, la crosse ; il est accosté à droite d'une étoile.

Légende, très fruste : ✠ S·PETRI ⋮ ARCHIEPI ⋮ APAMIENSIS·

Ce sceau, scellé sur lacs de soie rouge et blanche, est appendu à un acte du 11 décembre 1244 (*Arch. de Malte*, div. I, vol. IV, pièce 31), vidimant la donation de Valanie et de Margat faite à l'Hôpital par Renaud Mausuer et confirmée par Bohémond III d'Antioche le 1 février 1186

(Ed. Pauli, *Cod. dipl.*, I, n° 77, p. 77). Il a été dessiné par Pauli (*Cod. dipl.*, I, pl. 4, n° 42)[1].

Le prélat auquel il appartient était jusqu'à présent inconnu.

IX. — PIERRE[2], ÉVÊQUE D'HÉBRON (1265).

Sceau de plomb, de $0^m,04$ de diamètre. L'évêque, mitré, revêtu de ses ornements sacerdotaux, bénissant, la crosse dans la main gauche, est vu de face et debout; les pieds et le bas de la sou-

1. Nous avions nous-même (*Les Archives*,... p. 51) attribué à tort ce sceau à un patriarche d'Antioche.
2. Ce prélat semble inconnu. M. E. G. Rey (*Sommaire du supplément aux familles d'outre mer.* Chartres, 1881, in-8°, p. 22) s'est borné à l'indiquer d'après le présent document cité dans Pauli. Il n'était plus évêque d'Hébron en 1268 (G. Schlumberger, *Sceaux et bulles de l'Orient latin au moyen âge.* Paris, 1879, p. 20).

tane empiètent sur la place réservée à la légende.
Légende, entre deux grènetis concentriques :
✳ : S : PETRI : EPISCOPI : ЄΠRОΠЄΠSIS.

Revers : Abraham, Isaac et Jacob, nimbés,
barbus, assis, de face. On sait que la sépulture
de ces trois patriarches se trouvait à Hébron et y
était l'objet d'une pieuse vénération. Légende,
entre deux grènetis concentriques : ✳ : ABRA-
ҺАОԤ : ISAAC : ЄT : IACOB ·:

Cette bulle appendue, comme le sceau de Guillaume II, patriarche de Jérusalem (v. plus haut,
Sceaux ecclésiastiques, n° VI), à un acte du 14 mars
1265 (Delaville Le Roulx, *Les Archives*,... p. 229),
est scellée sur le repli en lacs de soie verte. Elle
a été dessinée par Pauli (*Cod. dipl.*, 1, pl. 7,
n° 71).

X. — Lustorge de Montaigu, archevêque de Nicosie (1217-1250).

Sceau de cire rouge, de 0^m,04 de diamètre, sans contre-sceau. Au centre, l'évêque, mitré, assis, de face, bénissant, et tenant la crosse de la main gauche. Légende, entre deux grènetis concentriques : ✳ S ꝛ EVSTORGII NICOSIEN : ARChIE[PI]

Ce sceau est appendu à un vidimus par Eustorge, archevêque de Nicosie, et P., archevêque de Césarée (vers 1220), d'une donation faite aux Hospitaliers par Bohémond III, d'Antioche, le 6 septembre 1199 (*Arch. de Malte*, div. I, vol. I, pièce 21. Ed. Pauli, *Cod. dipl.*, I, n° 82, p. 88). Il est scellé sur lacs de soie et a été reproduit par Pauli (*Cod. dipl.*, I, pl. 1, n° 7).

2

XI. — Cardinal Élie de Nabinaux, archevêque de Nicosie (1332-44).

Grand sceau ovale en cire rouge, sans contre-sceau, de $0^m,08$ sur $0^m,05$.

Le motif central représente la transfiguration. Le Christ, nimbé, vêtu, debout, les bras levés

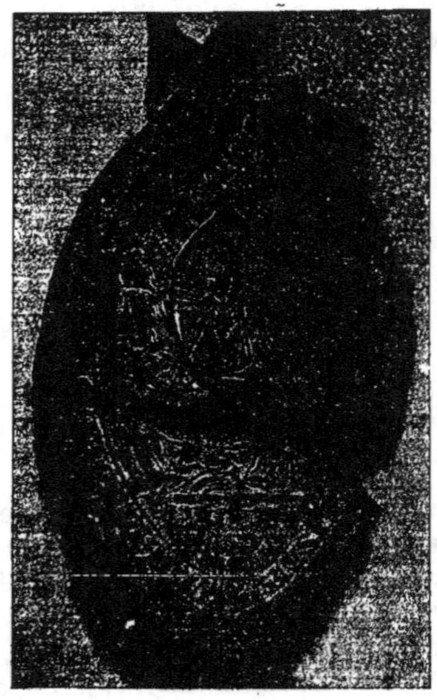

pour bénir, entouré de rayons, est environné d'un cercle ovale. Il est accosté des prophètes Moïse et

Élie, agenouillés sur des nuages et tournés vers le Christ. Au-dessous, les trois disciples Pierre, Jacques et Jean, celui du milieu prosterné, les deux autres agenouillés et tendant les bras vers le Christ. Enfin, dans la partie inférieure, le patriarche, mitré, tenant un bâton crucifère, tourné à gauche, est à genoux. Deux écus l'accostent ; l'un, celui de gauche, qui porte comme seule pièce une croix, semble être un blason ecclésiastique ; l'autre, sur lequel on croit distinguer trois têtes de chien ou trois hures de sanglier, posées 2 et 1 et accompagnées de trois roses, devait appartenir à la famille du cardinal. Le haut du sceau est formé par un dais d'architecture. La légende, entre deux grènetis, est : S : P· ҺELIE·DE·NA...... ALIS·ARCHIEPI·NICHO.....

Ce sceau est scellé sur deux cordelettes de soie rouge, et appendu à un document du 22 janvier 1337, par lequel l'évêque de Nicosie accuse réception d'une protestation, en date du 31 décembre 1336, émanée du grand maître des Hospitaliers, Roger des Pins, au nom de Fr. Gérard des Bois, précepteur de Chypre, à l'occasion d'usurpations commises au royaume de Chypre contre les droits de l'ordre (*Arch. de Malte*, div. I, vol. XXI, n° 2).

XII. — ABBAYE DE SAINTE-MARIE LATINE
(1267).

Sceau de plomb, de 0ᵐ,04 de diamètre. Au centre, la Vierge, de face, tenant dans ses bras l'enfant

Jésus ; à droite, dans le champ : MA ; à gauche,
XC. Légende, entre deux cercles concentriques :
✠ [S] SANCTE MARIE LATINE.

Revers : l'abbé, en costume bénédictin, assis,
reçoit la crosse des mains de saint Étienne, debout
et nimbé. Dans le champ se lit le mot ABAS.
Légende : ✠ S· [S]CI 3TEPHANI POTOMRIS.

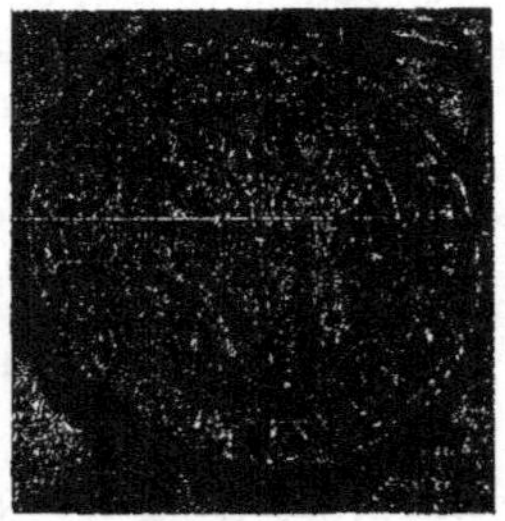

Ce sceau est scellé avec lacs de soie rouge sur
le repli d'un acte d'accord du 29 octobre 1267
entre le grand maitre des Hospitaliers, Hugues
Revel, et Henri, abbé de la Latine[1], au sujet des
casaux de Mondisder, de la Tour-Rouge et de
Caco (*Arch. de Malte*, div. I, vol. XVIII, n° 6.
Ed. Delaville Le Roulx, *Les Archives*,... p. 230).
Il a été reproduit dans Pauli (*Cod. dipl.*, I,
pl. 7, n° 72), qui n'a pu déchiffrer la légende du
revers.

Quelque réduite que soit aujourd'hui la collection sigillographique de Malte, elle est loin
d'être dépourvue d'intérêt. Si les sceaux de
Baudoin IV et de Bohémond IV ne sont pas iné-
dits, s'ils se rapprochent des exemplaires déjà
connus des prédécesseurs ou des successeurs de
ces personnages, ils n'en sont pas moins pré-
cieux à un double point de vue : ils complè-
tent heureusement la série sigillographique des
rois de Jérusalem et des princes d'Antioche,
et un observateur attentif ne manquera pas de
discerner quelques différences avec les bulles des
mêmes types. Les sceaux de Raymond de Tripoli
et de Gauthier Granier de Césarée se distinguent,
non seulement par leur exécution artistique, mais

1. Cet abbé n'est, jusqu'à présent, connu que par quelques
lignes que lui a consacrées Roccho Pirri (*Sicilia sacra*, éd.
de Palerme, 1733, in-fol., II, 1132). Il résidait à Messine,
d'après cet auteur, et gouverna l'abbaye de 1260 à 1269.

aussi par les représentations topographiques, toujours si curieuses, de leurs revers. On comparera avec fruit l'interprétation diverse donnée à une même scène, la mise au tombeau, à plus d'un siècle de distance, dans les bulles des patriarches de Jérusalem, et, dans la dernière de celles-ci, la préoccupation de l'artiste qui a cherché à rester fidèle au type traditionnel des sceaux des Hospitaliers.

Si l'archevêque Pierre de Césarée, dont nous avons étudié le sceau, est peu connu, la bulle de l'évêque d'Hébron, Pierre, et celle de l'archevêque d'Apamée nous révèlent l'existence de deux prélats jusqu'à présent ignorés. Le sceau de l'abbaye de Sainte-Marie nous a réservé une surprise analogue ; nous ne connaissions que par un dessin de Pauli, dont les légendes étaient mal lues, la bulle de cet établissement, le premier que les Latins aient possédé en terre sainte et dont l'origine remonte à Charlemagne ; en même temps, le document auquel appartenait ce sceau nous donnait le nom d'un abbé de ce monastère, Henri, que personne, si ce n'est Pirri, n'avait encore mentionné. Enfin, si les récents travaux de M. de Mas Latrie ont éclairci d'une manière définitive l'histoire des archevêques de Nicosie, les sceaux d'Eustorge de Montaigu et d'Élie de Nabinaux, — ce dernier surtout, — nous ont offert des spécimens très remarquables et très artistiques de la sigillographie chypriote.

L'intérêt qu'offrent les sceaux des archives de Malte est, on le voit, de plus d'une sorte, et justifie, nous l'espérons du moins, la présente publication.

Nogent-le-Rotrou, impr. DAUPELEY-GOUVERNEUR.

www.ingramcontent.com/pod-product-compliance
Lightning Source LLC
Chambersburg PA
CBHW051204050726

47594CB00007B/3057